AF188824

Wolfgang Tribukait

Dies und das

Alltagsgeschichten

Für Anregungen zur Verbesserung der Texte danke ich meiner Frau Gudrun, meiner Enkelin Inanna und der Redaktion der Senioren-zeitschrift „Eule" an der PH Freiburg i. Br.; für Satz und Umbruch meinem Schwiegersohn Hanno Schreiber.

Wolfgang Tribukait, geboren 1932 in Ostpreußen, unterrichtete jahrzehntelang Englisch, Französisch, Deutsch und Geschichte am Wirtschaftsgymnasium Villingen. Reisen führten ihn in viele europäische Länder und in die USA. Für den Schwarzwälder Boten schrieb er zahlreiche Berichte über Gastspiele am Villinger Theater, Ortsbeschreibungen für den Almanach des Kreises Schwarzwald-Baar. Freude am Umgang mit Sprache und Gedanken ließ ihn Texte und Gedichte über Begebenheiten seines Alltags verfassen, selbstkritisch und kritisch auch gegenüber seiner Umgebung.

Weitere Veröffentlichungen von Wolfgang Tribukait:

Aus der Mitte gerückt
Geschichten unserer Zeit (2004)
BoD: ISBN 3-8334-1065-5

Gedankenspiele und Holzphantasien
Gedichte und Holzfiguren (2006)
BoD: ISBN 9-783741-23805-5

Im Lauf der Jahre
Berichte und Geschichten (2008)
BoD: ISBN-13: 978-3-8370-7016-3

Gedichte und Texte
Eigenverlag (2013)

Was noch geschah
Alltagsgeschichten (2016)
BoD: ISBN-13: 9-783-7412-7582-1

Brüche
(Autobiographie)
Eigenverlag (2011)

Inhalt

Mein Schreibtisch

Immer wieder freue ich mich an meinem selbstgebauten Schreibtisch. In den 1960iger Jahren hatte ich gerade mein Studium beendet; meine Frau und ich besaßen nur die allernötigsten Möbel und kaum Geld, aber ein junger Lehrer brauchte unbedingt einen Arbeitsplatz. Wie konnte ich mir ein zweckmäßiges und billiges Möbelstück schaffen? Ich wollte viele Schubladen haben, um Papiere und allerlei Krimskrams zu verstauen. Wie hätten verschiedene Formulare nebeneinander Platz? Und die Schreibmaschine sollte mich auf der Arbeitsfläche nicht behindern; da brauchte ich ein kleines, etwas niedrigeres Sideboard im rechten Winkel daneben. Das ergab auch gleich noch drei weitere Schubladen. Die Kästen konnte ich mit seitlich angeleimten Beinen anheben – über denen und unter der alles überspannenden Deckplatte entstand weiterer Ablageplatz. Die Deckplatte müsste riesig werden. Einen Rahmen dafür konnte ich machen, eine Platte in den richtigen Maßen gab es im Holzhandel. Um das Ganze zu verschönern, half meine Frau, Eichenfurnier darauf zu leimen. Derb und rustikal wurde er, mein praktischer Arbeitstisch. Später, mit dem technologischen Wandel, fanden auch Computer und Laptop auf ihm Platz.

Und nun steht er seit mehr als fünfzig Jahren in meinem Zimmer. Wie viel habe ich daran gearbeitet, für den Unterricht meiner Schüler und für meine eigene Entwicklung! Er quillt über von Papieren – was liegt nicht alles darauf herum! Manchmal beginnen abgeschnittene Fingernagel-Stückchen zu tanzen als wären sie Buchstaben. Sie wirbeln herum, fügen sich zu Wörtern und Sätzen, lassen meine Gedanken reisen mit dem Schriftsteller Somerset Maugham in die Südsee, oder mauern mit Edgar Allan Poe Menschen ein in finstere Verliese, oder wirbeln wie Schneeflocken in Andersens *Märchen im Wind*. Manchmal versuche ich, Fetzen davon einzufangen, starre in den Lichtkegel meiner Schreibtischlampe. Die war einmal ein Ast eines Apfelbaums – sind die Strahler verwandelte Blüten? Wurden die einst außer von Bienen auch von Elfen besucht? Haben die verschlüsselte Botschaften hinterlassen? Ich schaue auf meinen Tisch und versuche zu schreiben. Ob meine Texte ein Echo finden?

Mit meinem Alter lässt die Sehkraft meiner Augen nach. Manch Kleingedrucktes kann ich kaum mehr entziffern. Mühsam Entschlüsseltem nachsinnend, warte ich in einer anderen Ecke meines Zimmers und schaue auf meine Frau. Oft sitzt sie an meinem Schreibtischplatz und bearbeitet Zahlenkolonnen auf Formularen (was ich nicht mehr kann). Der Stuhl ist bequem, und alles für die Arbeit Nötige liegt griffbereit.

Meine Großmutter Friederike Tribukait wohnte zur Miete in zwei Dachkämmerchen in einem niedrigen kleinen Siedlungshaus am Stadtrand von Königsberg. Wir wohnten nicht weit entfernt und besuchten sie oft. Von der Rückseite des Hauses stieg man aus einem Garten mit Gemüsebeeten und Obstbäumen eine enge steile Holztreppe hinauf in eine winzige Kochnische. An Wänden und Balken überall hölzerne Schwälbchen, dunkelblau ihre Rücken, hell ihre Unterseiten. Wie freuten wir Kinder uns an denen! Links ging es in die Schlafkammer, und rechts im Wohnzimmer unter der Dachschräge duftete es herrlich nach Basler Pfefferkuchen. Eng drängten sich Schränkchen, Sofa, Tisch und Stühle. Wir bewunderten die bunten Porzellanfigürchen in der Vitrine, meine Schwester und meine Cousine übten kunstvolles Sticken. Wie gern ließen wir uns da Märchen und Geschichten erzählen! In Erinnerung blieben mir die Balladen vom Riesenspielzeug, von den Kölner Heinzelmännchen und vom Bäumchen, das andre Blätter hat gewollt, und der „deutsche Rat": „Vor allem eins, mein Kind, sei treu und wahr!"

Meine Großmutter war 1874 als älteste von sechs Kindern geboren. Jung hatte sie ihren Cousin, einen Arzt, geheiratet, war mit ihm aus der Provinzhauptstadt in ein kleines Landstädtchen gezogen, zwei Eisenbahnstunden entfernt. Ihr erstes Kind erkrankte an Hirnhautentzündung und blieb geistig behindert; unverständige Leute schrieben das der „familiären Inzucht" zu. 1899 bekam sie eine zweite Tochter, 1900 meinen Vater. Aber 1902 infizierte sich ihr Mann und starb wenig später an Blutvergiftung. Ärzte waren damals kaum sozial abgesichert. Die junge Witwe lebte in Armut, verdiente mit Stickereien und privatem Handarbeitsunterricht ein Zubrot zur winzigen Rente. Sie durfte im Haus ihres Vaters wohnen, eines angesehenen Stadtschulrats, und dort wuchsen ihre Kinder heran, hatten aber kaum Spielgefährten. Eine gute Ausbildung war teuer. Mein Vater wäre gern Arzt geworden, aber das war für ihn unbezahlbar. Sein Großvater riet ihm zur Pharmazie – da könnte er sich sein Studium als Apothekenhelfer verdienen. Und seine Mutter half ihm, ein Herbarium anzulegen – ihr Schönheitssinn machte es zu einem Prachtstück.

Und nun, da sie fast siebzig war, schien ein gesicherter Lebensabend nahe. Die behinderte Tochter war gestorben, die zweite Tochter gut versorgt, mein Vater auf dem Weg eine eigene Apotheke zu erwerben. Wie gern waren wir, ihre Enkel, bei ihr zu Besuch!

Am 27. Januar sagte sie, das sei ein besonderer Tag: des Kaisers Geburtstag! Umständlich kramte sie aus einem alten Sekretär ein Samtetui, das mit einem seidenen Band umwunden war. Sie öffnete es behutsam und ließ uns ein goldenes Medaillon betrachten. Ein mit bunten Emailleornamenten verzierter Deckel wölbte sich – drückte man auf eine Feder, sprang er auf, zeigte das Bildnis einer schönen jungen Frau. Ringsum war das Medaillon mit Granaten besetzt. Auf der Rückseite war die Jahreszahl 1893 eingraviert. Die junge Frau war die Kaiserin Augusta Victoria, die Gemahlin des Kaisers Wilhelm II.

Wir bewunderten das Medaillon und die Kaiserin. Die Großmutter erzählte: 1893 hatte das Kaiserpaar der Provinzhauptstadt Königsberg einen Besuch abgestattet. Ein junges Mädchen sollte den hohen Gästen einen Blumenstrauß überreichen. Ihr Vater, der Stadtschulrat, war ein angesehener Mann und Stadtältester (= Gemeinderat). Ihr, als seiner schönen Tochter wurde die Ehre zuteil. Als Dank erhielt sie das Medaillon mit dem Bildnis. Stolz und treu bewahrte sie es auf, auch als es längst keinen Kaiser mehr gab.

1945 blieb meine Großmutter in ihrer Heimatstadt, überlebte die Eroberung durch die russische Armee. Doch ihr Sohn – wie so viele andere – starb dort bald darauf an Ruhr oder Typhus. Ihre Tochter mit Familie gelangte nach Mecklenburg. Meine Großmutter kam in das nahegelegene Ostseebad Rauschen. Dort ist sie ein Jahr später verstorben.

Am Schilfufer

Ich gehe wieder an das Flüsschen. Einen Steinwurf breit ist es, zieht zwischen Wiesen, Mooren und Moränenhügeln zum Meer hin. Nicht sehr weit ist das: Ebbe und Flut lassen den Wasserstand schwanken, drücken das braune Wasser aufwärts bis zum eine Stunde weit entfernten Wehr oder entblößen an den Ufern Streifen von Schlick – darauf stehen breite Schilfgürtel, trocken bei Ebbe, sechs Stunden später knietief im Wasser. Schmale Fußpfade schlängeln sich zwischen dem Schilf bis an die Kante zum offenen Wasser. Das ist tief genug, um ab und zu ein mit Stackbusch beladenes Schiff durchfahren zu lassen. Mit meiner selbstgebastelten Angel stehe ich am Rand des Schilfgürtels, halte die Angel in die Strömung und hoffe, dass vielleicht der Schwimmer verräterisch zuckt. Manchmal kann ich einen kleinen Barsch, manchmal einen spannenlangen Aal herausziehen.

Einsam sind diese Stunden am Flüsschen. Über den feuchten Wiesen flattern zick-zack die Kiebitze, hoch am Himmel singen die Flügelspitzen der Bekassinen. Unbestimmt treiben meine Gedanken: wo komme ich her, wo gehe ich hin? Fremd bin ich an diesem Ort, durch den Zufall der Flucht hierher verschlagen. Ein halbwüchsiger Junge ohne Orientierung, ohne Berater, ohne Ziel, aber mit dem Gefühl, aus besseren Kreisen zu stammen und für bessere Kreise bestimmt zu sein – für einen weltfremden Spinner muss man ihn halten.

Unwichtig scheint mir die Umgebung, die Gedanken spinnen sich zu Märchen: eine Nixe taucht aus dem Wasser, eine ältere Frau mit brauner Haut, singt ein melancholisches Lied, spricht glucksend von kommendem Geschehen. Ähnelt die Nixe meiner Mutter? Oder erträumten Märchengestalten? Wie außerhalb jeder Zeit scheint sie sich im Wasser zu drehen.

Und gleich sind da wieder nur dahintreibende Strudel. Auf meinen langen einsamen Schulwegen denke ich an das, was viele Jahrzehnte später Wirklichkeit werden könnte: wie lange werden Raketen brauchen, um zum Mond oder zu fernen Planeten zu fliegen? Werden die aussehen wie die Erde vor vielen Jahrmillionen? Werden Menschen dort Kolonien gründen können? Was wird man da für Weltraum-Bahnhöfe bauen! Aber für solche Phantasien muss so ein Junge ja ausgelacht werden.

Jetzt, ein Menschenleben später, sitze ich fern von jenem Ort an meinem Schreibtisch. Was ist nicht alles geschehen seither! Berufliche Wege und Irrwege, Scheitern und Erfolg. Familie, Kinder, Enkel und Urenkel. Wäre damals eine braune Nixe aus dem Flüsschen aufgetaucht und hätte mir mein Leben geweissagt, ich hätte ihr nicht geglaubt. Nur manchmal frage ich mich, ob die Nixe, von der ich damals träumte, heute noch in dem einsamen Flüsschen lebt wie damals vor siebzig Jahren.

Ein Augenblick

Am Hochhaus gibt es viel Balkons
Man kann von dort bunte Ballons
hinaus ins Weite fliegen lassen
hin über Gärten, Wege, Straßen.
Man kann daran auch Körbchen binden –
wenn die dann fremde Leute finden
dann überrascht sie, welch ein Glück
ein Briefchen und ein Zuckerstück.
Ein paar Ballons zusammen müssten
vielleicht auch ein paar kleine Kisten
im Gleitflug durch die Luft entführen.
Können wir das nicht mal probieren?
So dachten Fritz und Franz, die Knaben;
sie wollten ihren Spaß dran haben.
Sie banden drum, mit viel Geschick
zehn Luftballons mit einen Strick
an einen kleinen Wäschekorb.
Der war bereit für den Transport
von einem kleinen Passagier –
den kleinen Bruder nimmt man hier.
Der freut sich auf die Reise schon
und tritt heran an den Ballon
in das Gefährt, bereit zur Reise –
fast dreht sich alles schon im Kreise.
Muss das nicht größten Spaß bereiten
sacht über alles hin zu gleiten?

Der Kleine jauchzt schon voll Vergnügen,
er möchte durch die Lüfte fliegen.
Da reißt im letzten Augenblick
die Mutter ihn vom Flug zurück.
Das wäre wohl nicht gut gegangen!
Vor Schreck hat sie sich kaum gefangen.
Noch jahrelang denkt sie zurück
an diesen schlimmen Augenblick.

Höhenflüge

Johann Wolfgang Hochvogel wollte Eindruck machen mit seinem schönen Namen, er stellte sich selbst ein adeliges „von" davor. Ein Ausgleich sollte es sein für die ärmlichen Verhältnisse, in denen er leben musste. Er kam aus einer guten Familie, gute Umgangsformen waren ihm selbstverständlich. Sein Vater, ein leitender Angestellter, war früh verstorben, hatte dem Jungen aber Fachliteratur und technisches Wissen hinterlassen. Als Vertriebene aus dem Osten hatten sie allen Besitz verloren, seine Mutter verdiente Kost und Logis in der Verwaltung eines Krankenhauses. Oft schwänzte der Dreizehnjährige das Gymnasium, trieb sich herum auf dem früheren Flugplatz deutscher Jagdflieger nahe der Stadt. Dort gab es in der Nachkriegszeit viel zu holen – Geräte, die man aus Flugzeugen ausbauen konnte, Ausrüstung für die Piloten und das Bodenpersonal, das von den Engländern in Gefangenschaft gebracht war. Kaum beaufsichtigt war der Platz, clevere Jungs konnten sich bedienen.

Johann Wolfgang kannte sich aus, er wusste, was seine Schwarzmarkt-Kundschaft begehrte und was die Sachen wert waren. Aber eines Tages wurde er doch von einem englischen Wachsoldaten erwischt. Mit seinen Kenntnissen und seinem Schulenglisch gelang es ihm, den Mann für sich einzunehmen. Es entwickelten sich Geschäftsbeziehungen, einträglich für beide Seiten. Der Junge verstand es, weitere Beziehungen unter den Engländern aufzubauen. Die schätzten seine Kenntnisse. Und wenn sie testeten, ob die deutschen Maschinen noch flugtauglich waren, durfte er schon mal mitfliegen. Weit kam er hinaus über die meisten seiner Altersgenossen. Und schon als Schüler konnte er angeben mit leicht erworbenem Geld.

Nach ein paar Jahren zogen die Engländer ab. Aber wer sich gut auskennt mit hochgezüchteten Apparaten, der ist auch für die Veranstalter von Autorennen interessant. Man förderte ihn, gab ihm nach und nach immer anspruchsvollere Aufgaben. Als er Einundzwanzig war, durfte er große Rennen fahren, hoch bezahlt und auf dem Weg zum Ruhm. Der gut aussehende junge Mann kaufte eine Villa und genoss ein süßes Leben. Mädchen und Frauen lagen ihm zu Füßen.

Bei seinem steilen Aufstieg hatte niemand gefragt, ob er einen Führerschein hatte, wie er versichert war und ob überhaupt. Eines Tages passierte ihm ein Unfall, der Schaden war beträchtlich – da stellte sich heraus, dass ihm die wichtigsten Papiere fehlten. Er flog, etwas anders, als er sich das gedacht hatte. Seine Agentur wollte ihn nicht weiter beschäftigen. Nach Verbüßung einer Haftstrafe und dem Verlust seiner Habe stand er vor dem Nichts. Trotzdem versuchte er, weiter auf großem Fuße zu leben – und er beeindruckte eine Tochter aus reichem Hause. Sie konnte ja Staat machen mit ihm. Gern ließ er sich heiraten, Und zusammen konnten sie weiter ein schönes Leben führen. Das taten sie, so weit das Geld eben reichte. Es schien nicht nötig, mühsam eine bürgerliche Anstellung zu erstreben. Aber das Geld nahm doch ab. Er versuchte, durch Wetten auf der Rennbahn das Kapital zu vermehren – das Pech verfolgte ihn, er verlor. Seine Frau wollte zwar zu ihm halten, doch ihr Vater bedrängte sie, den Rest ihres Vermögens zu retten – sie ließ sich scheiden.

Das Kapital, das ihm blieb, war dürftig. Konnte er es durch Arbeit vermehren? Er hatte es nicht geschafft, den Absprung in die moderne Arbeitswelt zu finden. Aber ein paar Beziehungen hatte er noch, vielleicht ließen sich die verwerten, indem er Reportagen schrieb für einschlägige Zeitungen?

Er versuchte es mit wechselndem Erfolg. Und in besseren Tagen hatte er gelegentlich Glück gehabt auf der Spielbank – konnte er dort wieder etwas gewinnen? – Nein, seine geringen Mittel wurden noch kleiner. Er versuchte, seiner Ex-Frau etwas abzuschmeicheln – nein, sie wollte ihn nicht mehr unterstützen. Er versuchte, in Konstruktionsbüros Fuß zu fassen, schilderte, was für ein Experte er gewesen war – seine Kenntnisse waren veraltet, er hatte es nicht geschafft, Anschluss zu halten an moderne technische Entwicklungen. Die Jobs, die man ihm anbot, betrachtete er als demütigend und lehnte sie ab.

Johann Wolfgang von Hochvogel hielt es für unter seiner Würde, sich mit einem bescheidenen Leben zu begnügen. Er war doch kein Kleinbürger! Er suchte Hilfe bei alten Bekannten – wie demütigend war es, betteln zu müssen! Ihn überkamen Depressionen, er flüchtete in den Alkohol. Und wenn er dadurch in gehobene Stimmung geriet, glaubte er, alle Tristesse des Lebens hinter sich lassen zu können.

Mit dreiundfünfzig Jahren starb er an Leberkrebs.

Eigentlich kann man Johann Wolfgang nicht vorwerfen, etwas Unrechtes getan zu haben. Er lebte in den Umständen seiner Zeit und versuchte, sie nach Kräften für sich zu nutzen. Hätte er seine Intelligenz und die Kenntnisse, die ihm in seiner Familie zugeflossen waren, ungenutzt lassen sollen? Konnte man erwarten, dass er in den ungeordneten Verhältnissen der Nachkriegszeit an moralischen Grundsätzen einer vergangenen Zeit festhielt?

Einsame

Jemand erzählte mir die Geschichte einer Familie in einem kleinen bayerischen Ort: Der Vater, nennen wir ihn Hubert, hatte einigen Besitz an Grundstücken und Wald geerbt. Er heiratete eine gute und wohlhabende Frau, wirtschaftete klug und umsichtig, und er hatte Glück. Einige seiner Grundstücke kamen in den Bebauungsplan seiner Gemeinde und stiegen gewaltig im Wert. Manches konnte er günstig verkaufen, auf anderem baute er Mehrfamilienhäuser, deren Wohnungen er an Leute vermietete, die im großen Gewerbegebiet des benachbarten Orts arbeiteten. Er kaufte Wälder, und sein Sägewerk erwirtschaftete Gewinn. Bald nannte man ihn den König des Ortes.

Seine Frau Grete führte klug seinen Haushalt und half ihm bei seinen Geschäften. Sie engagierte sich in Vereinen, in der Hilfe für ärmere Leute der Gemeinde, und gemeinsam mit ihrem Mann half sie in der Nachbarschaft einem alten Ehepaar, dessen großen Garten zu pflegen. Sie verstand es, das richtige Maß zwischen Teilnahme und freundlicher Distanz zu finden, und sie erfreute sich allgemeiner Beliebtheit.

Das Paar hatte zwei Kinder, Gaby und Peter. Die besuchten die örtlichen Schulen, hatten die üblichen Freundschaften. Allerdings dehnte das Mädchen mit Beginn ihrer Pubertät diese Freundschaften allzu sehr aus; sie führte ein unbeschwertes Leben mit wechselnden Liebhabern. Die Leute im Dorf zerrissen sich die Mäuler – Gaby scherte sich nicht darum. Ihre Eltern waren unglücklich darüber, sie redeten ihr zu, sich nur an einen einzigen, verlässlichen Freund zu binden, hofften, das Mädchen werde noch reifen. Und tatsächlich entwickelte Gaby Treue zu einem Freund. Der war zwar nicht nach dem Geschmack ihrer Eltern, war ohne Familie von weit her zugezogen – aber sie mußten ihn wohl oder übel tolerieren. Sie bauten ihrer Gaby ein schmuckes kleines Holzhaus im Ort, doch das gefiel ihr nicht. Sie wollte fort von der üblen Nachrede. Sie träumte von reinem Naturleben außerhalb der Zivilisation, zog in eine ganz weit abgelegene Hütte in einem Wald, der ihrem

Vater gehörte. Dort lebte sie mit ihrem Freund, ohne fließendes Wasser oder Elektrizität. Sie bebauten ein kleines Gärtchen, nährten sich von eigenem Gemüse – wieviel Mühe kostete es, die Pflanzen vor den Tieren des Waldes zu schützen! Sie holten Wasser aus einer nahen Quelle, wollten leben wie im Urzustand der Menschheit. Das abgerissene Aussehen ihrer wenigen alten Kleider störte sie nicht. Als sie schwanger wurde, verzichtete sie bei der Geburt auf Hebamme oder Arzt; die Hilfe ihres Freundes genügte ihr. Im Lauf weniger Jahre bekam sie vier Kinder. Die ließ sie heranwachsen, wie es der Natur gefiel.

Ihr Freund ging keiner geregelten Arbeit nach. Manchmal half er den Förstern, bekam dafür gelegentlich eine Kleinigkeit. Er hackte das Holz, das sie zum Feuern brauchten. Dabei verletzte er sich eines Tages am Bein. Er beachtete die Wunde nicht, glaubte, sie werde von selbst heilen. Auch als sie sich verschlimmerte, wollte er keinen Arzt aufsuchen. Die Wunde entzündete sich, es kam Sepsis hinein, das Fieber stieg – sie holten keinen Arzt, er starb. Die junge Frau erledigte die Formalitäten, ohne sich eine Gemütsbewegung anmerken zu lassen. Sie blieb mit ihren vier kleinen Kindern in der primitiven Hütte im Wald.

Hin und wieder versuchten Menschen aus dem Dorf mit ihr zu sprechen, ihr ein paar Lebensmittel zu bringen – sie schickte sie fort. Immer wieder pilgerten ihre Eltern zu ihr in den Wald, boten ihre Hilfe an, wollten mit den Kindern spielen oder sprechen – sie lehnte ab, sie wollte niemanden sehen. Nur mit Mühe konnte man sie bewegen, ein paar Lebensmittel und Kleidung anzunehmen. Und die Kinder wurden scheu wie die Tiere des Waldes.

Huberts Sohn Peter dagegen war die Freude der Eltern. Klug und fleißig wuchs er hinein in die Aufgaben, die sein großes Erbe für ihn bereit hielt. Er engagierte sich in den örtlichen Vereinen, spendete Geld für gute Zwecke, half jedem, der es ihm wert schien, war freundlich und beliebt. Und er genoß es, mit Freunden im Motorrad-Club gelegentlich eine kleine Ausfahrt zu machen. Jeder wusste, wie vorsichtig er fuhr. Er umwickelte den Ansatz seines Schutzhelms mit einem

Schal, um das Eindringen von Staub oder Insekten zu verhindern. Als die Gruppe einen langen Alpentunnel durchquerte, verbrauchte sich die Atemluft unter dem abgedichteten Helm. Der junge Motorradfahrer wurde ohnmächtig, stürzte und brach das Genick.

Unbeschreiblich der Schmerz und die Trauer der Eltern. Und mit ihnen trauerte das ganze Dorf Man versuchte, die Leute zu trösten – aber wie war das möglich? Und man fragte sich: was soll aus dem großen Besitz einmal werden? Die Tochter und Erbin, im Dorf noch immer als Lotterweib verschrien, weigerte sich weiter, mit ihren Eltern oder anderen Menschen zu sprechen. Schlimmer noch: sie schickte ihre Kinder in keine Schule – die sollten unberührt bleiben vom Geschwätz und von bösen Blicken; sie sollten ihr helfen in ihrer Einsiedelei. Und wenn die Großeltern ihre Enkel sehen wollten, verhinderte sie das nach Kräften. Manchmal legten Grete oder Hubert ein Kleidungsstück bei der Hütte im Wald ab, das wurde genommen ohne Dank.

Hubert und seine Frau fragten sich immer wieder, wie sich das Verhalten ihrer Tochter erklären ließe? Müssen sie sich vorwerfen, sie falsch erzogen zu haben? Hat ein verschwiegenes Erlebnis sie traumatisiert? Können Psychologen helfen? Genügt es, einfach zu warten und zu hoffen, daß die Zeit ihre Tochter lehren wird, die Dinge anders zu sehen? Werden nicht die Kinder eines Tages von selbst aus dem Wald heraus streben? Wird Gaby sie dann loslassen?

Hubert und Grete glauben an keinen Sinn ihrer Welt. Und doch leben sie weiter wie vor dem schrecklichen Unfall. Sie wirtschaften umsichtig, sind freundlich und helfen ihren Mitmenschen wo sie nur können. Sie tragen ihre Einsamkeit und ihr Alter mit Fassung. Sie hatten sich bemüht, ein gutes Leben zu führen und an die nächste Generation weiterzugeben. Ob es für sie noch ein gutes Ende gibt? Sie fragen nicht danach, lassen andere nichts ahnen von ihren geheimen Gedanken. Sie machen das Beste aus jedem Tag.

Eine Panne

Frau B. empfand ihr Leben als arm an Ereignissen. Ihr Mann war vor ein paar Jahren bei einem Unfall uns Leben gekommen. Ihre Kinder, 14 und 17 Jahre alt, begannen eigene Wege zu gehen. Ihre Tätigkeit als Lehrerin wurde langsam zur Routine. Ja, sie widmete sich ihren Schülern, und sie verfolgte mit Interesse die literarischen Neuerscheinungen; aber sie hatte das Gefühl, als plätschere das Leben an ihr vorbei. An ihrer Schule war sie ziemlich isoliert, sie galt den meisten Kollegen als zu anspruchsvoll, die empfanden sie als arrogant – dabei suchte sie doch nur bei anderen ähnliche Gedanken wie die, die sie selbst bewegten. Müsste sie sich mit Anfang vierzig schon zu den alten Schachteln zählen? Wenn sie an einer Gesellschaftsreise teilnahm, schauten manche Mitreisende sie an, als wäre sie nur auf Männerfang aus. Nein, sie wollte doch nur andere Länder und Menschen kennenlernen, Und ja, wenn möglich nicht allein!

An diesem Sonntag waren ihre Kinder mit Freunden unterwegs. Sie schwang sich auf ihr Fahrrad – schön war die Umgebung! Einige Kilometer am Flüsschen entlang, dann über den Hügel durch den Wald in die Heide. In einem Dorf ein gutes Ausflugslokal, sie kehrte ein zu einem Vesper. Dann radelte sie weiter. Am Himmel zogen dicke Regenwolken herauf, kühler und kühler blies ein unangenehmer Wind. Noch etwa dreizehn Kilometer bis zu ihrer Stadt! War es wirklich eine gute Idee gewesen, allein diese weite Radtour zu unternehmen? Mühsam kämpfte sie an gegen den Wind.

Plötzlich zischte es unter ihr, hart rollte der Reifen luftlos auf dem Weg. Verdammt! Sie hatte kein Flickzeug dabei. Und den Hinterreifen konnte sie wegen der Gangschaltung kaum allein ab- und später wieder anmontieren. Noch dreizehn Kilometer bis nach Hause! Doch, davor gab es noch ein Dorf – aber an einem Sonntag würde sie dort bestimmt keine Hilfe finden. Und nun begann es wirklich kräftig zu regnen.

Ein anderer Radfahrer nahte. Schmale, drahtige Figur, intellektuelles Gesicht, Glatze, aber noch nicht alt. „Kann ich Ihnen helfen?"

„Sie sehen ja, ich hab einen Platten, aber kein Flickzeug dabei!"

„Na, vielleicht könnte meins es auch tun. Schaun wir mal, was sich machen lässt!"

Schnell legte er das Loch frei. Straßendreck und Öl verschmierten seine Hände. Wasser im Gesicht – er wischte es ab, ein breiter Schmutzstreifen zog über seine Backe. Sie mußte lachen: „Toll siehst du aus mit dieser Kriegsbemalung! Entschuldigung, aber in der komischen Situation ist mir einfach ein *Du* herausgerutscht!"

„Macht nichts, ich bin nicht so steif. Und ein verschmiertes Gesicht kannst du auch haben, wenn du mit anpackst!" Nach einer halben Stunde war das Fahrrad wieder flott. Gemeinsam radelten sie nach Hause. Vom Regen klebten ihnen die Kleider am Leib. Sie sprachen kaum, aber Spannung knisterte zwischen ihnen.

„Komm mit rauf, wasch dich, und einen Kaffee hast du dir verdient!" Gern nahm er die Einladung an. Sie zog sich um, gab ihm einen Trainingsanzug ihres Sohns. Ein bißchen komisch sah er darin aus. Während sie Kaffee kochte, schaute er auf ihre Bücher. „Die hab ich auch! Wir sind scheint's Kollegen! An welcher Schule bist du? An der XY? Komisch, daß wir uns noch nicht bei einer Fortbildung begegnet sind!" Und heimlich dachte er: Die Frau hat eine verdammt gute Figur! „Hast du neulich den Artikel über Botho Strauß gelesen? Was hältst du von dem?"

„Bei uns sagte neulich ein Kollege, ihr habt da einen eigenwilligen Chef, ist das wirklich so?" Sie redeten und redeten, merkten nicht, wie die Zeit verging. Die Sympathie wurde stärker und stärker. Ihre Kinder kamen nach Hause, erzählten. Das nahm er wichtig, fragte nach. Ja, seine Kinder waren im gleichen Alter, hatten ähnliche Erlebnisse. Die wohnten mit seiner Frau achtzig Kilometer entfernt. Meistens fuhr er am Wochenende heim, nur diesmal gerade nicht. Er bedauerte, dass er seine Kinder nur selten sah, aber seine Stelle hier war ihm wichtig. Und seine Frau hatte ja auch ihre Arbeit, ihre Kinder, ihr Haus, ihre Eltern, die auch dort wohnten. Während seiner Arbeitswoche musste sie ihn halt entbehren. Es war spät als er ging. Frau B.s Kinder kommentierten: „Ein cooler Typ! Ja, mit dem wären wir wieder eine richtige Familie!"

Wenn Klaus nach der Schule heimkam in seine kleine Wohnung, hatte er mit Korrekturen, Vorbereitung und Lektüre genug zu tun. Meistens vergingen die Tage wie im Flug, und am Wochenende fuhr er heim zu seiner Familie. Aber er mußte sich eingestehen: seine Frau lebte in einer anderen Welt. Als Kindergärtnerin hatte sie mit ihrer Arbeit und ihrem Haushalt genug zu tun. Die Kinder waren aus dem Gröbsten heraus; sie verbrachten viel Zeit mit Freunden, im Sportverein oder bei ihren Großeltern. Wenn Lotta Zeit erübrigen konnte, spielte sie Tennis oder saß mit ihren Bekannten im Club. Oft besuchte sie Vater und Mutter – es war so nett, mit denen Gesellschaftsspiele zu spielen. Sie lebte angenehm, ein bißchen oberflächlich, unbelastet von schwierigen Problemen. Nein, anspruchsvolle Literatur war nicht ihr Fach.

Klaus dachte zurück. Während seines Studiums hatte er in einer WG gelebt, gemeinsam mit zwei anderen Studenten und auch mit Lotta. Fern von ihren Familien und ihren Freunden hatten sie ihre Einsamkeiten überbrückt und körperliche Nähe gefunden. Und dann waren sie beisammen geblieben, mehr aus Gewohnheit als aus innerer Verbundenheit. Sie hatten eine herkömmliche Familie aufgebaut, Kinder, Haus und Hund – aber war das genug für einen Mann wie ihn? Die bessere Stelle am anderen Ort hatte ihn fortgezogen – und, ja, er wollte sich auch befreien aus der Atmosphäre ihres Heimatorts, wo das Ansehen ihres Vaters zur Einhaltung von Normen verpflichtete. Aber er liebte seine Kinder. Ihnen wollte er weiter ein guter Vater sein.

Seine Frau Lotta empfing ihn fröhlich. „Du weißt ja, morgen feiern wir den Geburtstag meines Bruders!" Ja, da musste er wohl mit, obwohl ihr Bruder ihm eigentlich gleichgültig war. Und dann saß er in der Familienrunde, versuchte, ein freundliches Gesicht zu machen, beteiligte sich mühsam am Gespräch und sehnte sich doch heimlich nach einem guten Buch.

Die neue Woche verging mit Arbeit. Und am nächsten Wochenende gab es in der Großstadt ein Fahrradrennen – da nahm er Teil; Lotta und sein Sohn fuhren auch hin, standen an markanter Stelle zwischen den Zuschauern und feuerten ihn an. Er belegte einen mittleren Platz im vorderen Drittel. Halbwegs zufrieden feierten sie daheim seinen Erfolg.

Klaus sieht, wie Lotta sich bemüht, ihm das Leben angenehm zu machen. Aber trotzdem…

Einige Wochen später gab es eine Fortbildungsveranstaltung für Germanisten. Klaus traf dabei Frau B. Man diskutierte schwierige Fragen zu modernen Texten. Und da man auch am zweiten Abend zu keinem befriedigenden Ergebnis kam, sagte Frau B.: „Hast du am Mittwoch Abend Zeit? Ja? Dann komm doch vorbei, da können wir in Ruhe weiter darüber sprechen!"

Und er kam. Sie bereitete einen schönen Abend, und bald glitt das Gespräch aus dem fachlichen Bereich hinüber ins Persönliche. Ohne Scheu konnte man sprechen über das, was man in den verschiedensten Lagen empfunden hatte.

Klaus saß über den Aufsätzen seiner Zwölftklässler. Einige hatten das Thema gewählt „Wie können wir Jungen am Leben unserer Gesellschaft teilnehmen?" Natürlich gab es da die verschiedensten Ansichten. Einer meinte, er wollte sich konzentrieren auf ein gutes Abitur, danach in Studium und im Beruf Karriere machen, dann werde er auch Einfluss auf die Gesellschaft erhalten. Ein anderer hoffte, auf private Reisen viel von der Welt zu sehen und sein Leben zu genießen — an dem, was in der großen Welt geschehe, könne er als kleiner Mann kaum etwas ändern. Kaum einer wollte sich begnügen mit bescheidenem Streben nach bürgerlichem Beruf und Familienglück. Klaus zögerte. Als Lehrer und als Kommunalpolitiker lebte er für seine Ideale — aber durfte er versuchen, die den Schülern nahe zu bringen? Wie leicht könnte das als unzulässige Beeinflussung betrachtet werden! Er hatte

Gegner, die ihn angreifen würden. Und doch konnte er nicht in übertriebener Toleranz jede Ansicht als gleichberechtigt gelten lassen, auch wenn er sie für falsch hielt. Wie gut wäre es, wenn er seine Stellungnahmen zu den Aufsätzen in vertraulichem Gespräch mit einem Kollegen erklären könnte! Aber welcher Kollege käme dafür in Frage? Die meisten dachten anders als er. Wie sehr er auch überlegte, seine Gedanken kehrten immer wieder zu Frau B. zurück. Von ihr fühlte er sich verstanden. Was würde sie sagen? Sie würde ihn ermutigen, allen Anfeindungen zu trotzen. Als Beamter durfte er Konflikte riskieren. Über vieles hatten Frau B. und er ähnlich gedacht.

Sie trafen sich wieder, tauschten Worte und Gedanken. Aus Gedankenaustausch wurde Freundschaft, aus Freundschaft wurde Liebe. Vor Lotta macht er daraus kein Geheimnis.

Seine Familie will Klaus nicht aufgeben – warum sollte er? Lotta hatte sich über Jahre hin stets gut mit seiner Mutter und seiner Schwester verstanden. Jetzt muss Klaus sich deren Vorwürfe anhören. Er tut es schweigend, aber er folgt weiter seinem eigenen Empfinden. Er arbeitet in der einen Stadt, und wenn er öfters bei Frau B. übernachtet, ist das seine Privatsache. Und am Wochenende fährt er in die andere Stadt. Er erfüllt seine finanziellen Verpflichtungen, verbringt, so weit die das wünschen, seine Wochenenden mit seinen Kindern.

Frau B. akzeptiert, das sie ihn mit seiner Ehefrau teilt. Sie ist glücklich, dass die Fahrradpanne an jenem verregneten Sonntag ihr eine neue Erfüllung ihres Lebens bescherte.

Warum soll ein Mann nicht mit zwei Familien leben? Aber Lotta möchte ihren Mann nicht mehr sehen.

Foto: AdobeStock - Pictures news

Zähnchen des Wunderbergs

Am Fuße der französischen Alpen, unweit von Orange und dem berühmten Mont Ventoux, liegt die Hügelgruppe der Dentelles de Montmirail. Nur ein paar hundert Meter ragen die zackigen Kalkberge in den Himmel am Rande des Rhô0ne-Tals. Aus der Ferne hatten wir die „Zähnchen des Wunderbergs" in der Abendsonne glänzen gesehen. Der Reiseführer schrieb, eine Rundwanderung zwischen ihnen sei nicht allzu schwierig und biete eine Fülle herrlicher Ausblicke in die Landschaft. Das wollten wir genießen.

Durch wenige kleine Dörfer mit altertümlichen Häusern, romanischen Kapellen und ab und zu der Ruine eines Renaissance-Schlosses führt das gewundene einsame Sträßchen zu einem Parkplatz.

Dort eine Tafel: Drei Wanderwege in unterschiedlicher Schwierigkeit, mit farbigen Punkten markiert. Wir glaubten, den mittleren Grad in den angegebenen drei Stunden bewältigen zu können. Mit leichtem Schuhwerk, wenig Proviant und einer Flasche Wasser zogen wir los. Schön war der Weg. Zwischen lockerem Buschwerk ging es leicht bergauf, Thymian-Duft, Kiefern, Dorneichen, Ginster, wilder Oleander, trockener, rostbrauner Boden, mit Gesteinsscherben übersät. Eidechsen huschten dazwischen. Ausblick in die Ferne über das breite Rhône-Tal zum Rand der Cevennen, näher der isolierte Mont Ventoux, noch näher die zackigen Felstürme der Dentelles: heller Kalkstein, bizarr herausgewitterte Formen, Karst, steil und wild. Zwischen ihnen klettert der Weg, bergauf und bergab, meistens steil, manchmal ein Stückchen eben. Wie frei ist hier der Wanderer, muss selbstverantwortlich sehen, wie er in der wilden Natur zurechtkommt! Immer wieder belohnen ihn herrliche Ausblicke.

Heiß brannte die südliche Sonne, nur wenige Stellen boten Schatten. Wir sind nur mäßig geübte Wanderer; ermüdet gönnten wir uns nach zwei Stunden eine Rast. Als wir weitergingen, brannte die Sonne noch mehr. Wieder herrliche Ausblicke – aber wir sehnten das Ende herbei, die Rückkehr zu unserem Parkplatz.

Der Pfad führte an einem Steilhang entlang. Und plötzlich gähnte vor unseren Füßen ein tiefes Loch. Auf einer Strecke von mehreren Metern war der Weg weggebrochen, von einem Regenguß hinabgerissen. Unmöglich, das Loch zu überspringen oder zu umgehen. Fast senkrechte Wände stürzten ab in die Tiefe. Wenn wir versuchten, die Weglücke oben zu umklettern, würden wir unser Leben riskieren. Und auch ein Abstieg nach unterhalb des Bachrisses war nicht möglich. Ungläubig starrten wir auf den abgerissenen Weg.

Was blieb uns anderes übrig, als umzukehren und den ganzen weiten Weg zurück zu wandern? Wir hatten geglaubt, kurz vor dem Ziel zu sein. Müde waren wir. An den Schönheiten der Landschaft hatten wir uns satt gesehen, jetzt waren sie nicht mehr wichtig. Die Felstürme schienen höhnisch zu grinsen. Die auf dem Hinweg deutlich sichtbaren Wegmarkierungen waren jetzt nur schwer zu erkennen, w ir übersahen eine, und gleich hatten wir uns verirrt. Dorngestrüpp zerkratzte unsere Beine. Und plötzlich standen wir vor einem Felsabsturz. Zurück! Aber wo war unser Weg? Scharfkantige Steine, bei jedem Tritt konnte man umknicken und sich den Fuß verstauchen. Meine Frau hatte sich einen Zeh blutig gescheuert, und die Kratzer an meinen Schienbeinen brannten. Nur mühsam schleppten unsere Beine uns bergauf und bergab. Mit viel Glück fanden wir ein Zeichen. Wir humpelten abwärts, gönnten uns viele Pausen. Aber wir wussten: Bei Dunkelheit würde es hier wirklich gefährlich! Mit vor Schmerz zusammengebissenen Zähnen setzten wir mühsam einen Schritt vor den andern.

Spät kamen wir zu unserem Parkplatz. Wir sanken in unser Auto, völlig erschöpft. Wie anstrengend ist ungezähmte Natur!

„Ja glauben Sie denn an gar nichts?" Verstört starrte der Beamte auf dem Amtsgericht in Villingen mich an, als ich 1962 meinen Austritt aus der evangelischen Kirche erklärte. Damals, am Ende der Adenauer-Ära, war noch weithin die Meinung verbreitet, nur gläubige Christen könnten anständige Menschen sein. Dass ausgerechnet ein junger Lehrer es wagte, aus dieser Konvention auszubrechen, war in dem kleinen Städtchen fern hinter dem schwarzen Wald beinahe ein Skandal. Wie lange hatte ich mit Gedanken aus Wissenschaft, Philosophie, Literatur und Psychologie gerungen, bis ich mich so entschied!

Verwirrt kam meine kleine Tochter aus der Schule: „Warum soll ich ins Fegefeuer kommen, weil ich nicht getauft bin?" Es waren Kinder, die ihr diesen fürchterlichen Satz eingegeben hatten. Mit manchen Nachbarn beschränkten sich die Gespräche auf das Nötigste. In der Schule setzte man mich in ein eigenes kleines Zimmer, isoliert von allen Kollegen. Am ersten Schultag nach den großen Ferien ertönte aus allen Lautsprechern in der großen Pause die Durchsage des Direktors: „Liebe Jungen und Mädchen, seid stets brav und ordentlich, und besucht auch an allen Sonntagen die Gottesdienste in den Kirchen – das ist dringend nötig, da wir heute im Abwehrkampf stehen gegen Atheismus, Bolschewismus und ähnliches Untermenschentum."

In einer Freistunde wollte ich etwas im Sekretariat der Schule erledigen. Unterwegs traf ich zufällig den Direktor. „Ach, Herr Kollege, der Pfarrer X muss grade in die Stadt, bitte vertreten Sie ihn in der Klasse der jungen Grosshandelskaufleute!" Vergebens wies ich darauf hin, dass Religion nicht mein Fach sei, und dass jeder Unterricht vorbereitet sein sollte. Es half nichts, ich musste hinein vor die mir fremden Achtzehnjährigen. Ich fragte: „Worüber haben Sie gesprochen in der letzten Religionsstunde?" Keine klare Antwort. Dann fragte ein Schüler: „Sind Sie überhaupt katholisch?"

„Nein, ich bin aus der Kirche ausgetreten, ich bin Atheist."

„Dann haben Sie uns überhaupt nichts zu sagen!"

„Das käme drauf an. Fragen Sie, was ich denke und warum, ich will Ihnen antworten!" Und die jungen Leute fragten: Wie soll denn die Welt entstanden sein? Was halten sie von den zehn Geboten? Sind Sie Kommunist? Und vieles mehr. Ich antwortete, sprach über Geist in der Natur, über Ethik, bekannte mich zum Grundgesetz.

Die Stunde verging wie im Flug, ich hätte noch lange reden können.

Danach begegnete mir auf der Treppe der grade zurückgekehrte Pfarrer. Noch ganz im Eifer der eben vergangenen Stunde, sagte ich: „ich habe Sie eben vertreten, da hab ich den Schülern etwas über Atheismus erzählt, ich glaube, das hat die interessiert."

Sein Gesicht wurde sauer wie eine Zitrone. Er beschwerte sich beim Direktor, und ich bekam einen Rüffel. Aber zu weiteren Vertretungsstunden im Fach Religion wurde ich nicht herangezogen.

Manchmal meinten Eltern, mein Englisch- und Deutschunterricht würde das Denken ihrer Kinder beeinflussen. Nun ja, wenn ich gefragt wurde, sagte ich was ich dachte, aber ich respektierte auch jede andere Meinung. Mit einer anonymen Umfrage konnte ich beweisen, dass eine große Mehrheit der Schüler meinen Unterricht schätzte. Allen recht machen kann man es nie.

Viele Jahre später führte das Land den Ethikunterricht ein. Als Philologe hatte ich mich gründlich mit Philosophie, Literatur und Psychologie beschäftigt. Gern hätte ich mich in den Ethikunterricht eingearbeitet. Doch der Direktor hielt mich nicht dafür geeignet, weil ich mich kirchenkritisch geäußert hatte. Er betraute mit der Aufgabe einen Kollegen der Fachrichtung Betriebswirtschaft, der mit einer katholischen Religionslehrerin verheiratet war.

Viel hat sich verändert in den letzten fünfzig Jahren.

Damals, als ich mich am Rand der Gesellschaft fühlte, fand ich verständnisvolle Gesprächspartner am ehesten unter aufgeschlossenen Theologen – die wussten um die Problematik von Religion. Heute dagegen werden konfessionslose Menschen selbstverständlich akzeptiert, wenigstens hier bei uns. Selbstverständlich erkennen auch sie die Kirchen und deren soziale Einrichtungen an. Glücklicherweise können wir heute über alles sprechen, ohne Diskriminierungen fürchten zu müssen. Mögen auch unseren Enkeln und Urenkeln Verfolgungen erspart bleiben!

Die Maus

Jüngst rief erschrocken meine Frau:
„Das darf nicht sein! Hier hat genau
ne Maus an unserm Obst genagt
das da in dieser Schale lag.
Und sei die Maus auch noch so klein –
in unserm Haus darf das nicht sein!"
Doch abends, als wir Fernsehn schauten
wir unsern Augen kaum mehr trauten:
Unter dem Esstisch, hin und her
huscht eine kleine Maus umher.
Possierlich ist das kleine Tier;
es denkt wohl: „Mir gefällt es hier!"
Die Frau jedoch ist unerbittlich
und sei das Tier auch noch so niedlich –
Nein, das ist gar nicht appetitlich!
Wie rasch vermehren sich doch Mäuse!
Wir dulden sie nicht im Gehäuse!
Ne Mausefalle baut man auf
tut einen leckren Köder drauf
und bald schon schnappt die Falle zu –
tot ist die Maus, nun hat man Ruh.
Doch mich plagt manchmal das Gewissen:
warum nur hat das arme Tier
gleich bei dem Köder angebissen?
Es wollte nur am Leben sein –
wir dulden so was nicht, oh nein!

Frau Venus

Wie lieblich lächelt Venus Mund –
die Frau ist rundherum gesund.
An ihrem sanften runden Busen
Mag mancher Mann genüßlich schmusen.
Man küsst ihr wonnevoll den Bauch
und ihre prallen Schenkel auch.
Ihr wunderbarer schöner Rücken
schenkt dem Betrachter viel Entzücken.
Darunter freilich, das Gesäß
ist nicht nur edlem ein Gefäß.
Nüchtern betrachtet, und ganz barsch:
Frau Venus hat nen breiten Arsch.

Zeichnung: Aristide Maillol

Ein goldener Käfig

Käfig

„Begreife doch, welch tolle Chancen die uns bieten! Bombengehälter, Möglichkeiten, mit den modernsten Geräten zu arbeiten, zu veröffentlichen, Aussichten, in wenigen Jahren aufzusteigen in Spitzenstellungen! Und das alles für uns beide gemeinsam!" Aufgeregt hielt Irene das Stellenangebot der australischen Klinik ihrem Freund unter die Nase.

Sie hatten gemeinsam studiert und Examen gemacht. Danach war es damals schwierig für junge Ärzte, Anstellungen in Deutschland zu finden. Bernd war nach England gegangen, Irene war Assistenzärztin in einer mecklenburgischen Kleinstadt geworden. Jetzt verbrachten sie gemeinsam einen Ski-Urlaub in den Alpen.

Das Angebot aus Australien verdankte Irene den Beziehungen ihres einflussreichen Vaters. Dessen Erwartungen an eine schöne und erfolgreiche Tochter hatte sie entsprochen, und sie war es gewohnt, dass alle ihre Wünsche sich erfüllten. Selbstverständlich war für sie von allem nur das Beste gerade eben gut genug, undenkbar, dass jemand sich ihr widersetzte.

Bernd fummelte an seiner Krawatte herum. Warum musste man hier im Ski-Urlaub im besten Hotel logieren? Er hatte ein Zimmer in einer bescheidenen Pension gebucht, aber nein, das war ihr nicht gut genug. Zweimal waren sie umgezogen, bis Irene das Richtige gefunden zu haben glaubte. Warum mussten sie sich zu einem vornehmen Abendessen in elegante Garderobe werfen? Nur widerwillig hatte er es getan. Wenn er mit ihr nach Australien ginge, würde das dort ständig so weiter laufen – wir müssen dies, wir müssen das! Wieviel Raum würde sie ihm lassen, sein Leben selbst zu bestimmen? Natürlich sah er das verlockende Angebot – aber es war ein goldener Käfig, der ihn für lange Zeit zum willenlosen Prinzgemahl machen würde.

„Immerhin haben wir noch zwei Monate Zeit, uns zu entscheiden!" meinte er. „Ganz so schlecht lebt sich's auch im alten Europa nicht. Vielleicht können wir auch in Deutschland anständige Stellen finden!"

„Aber nicht leicht welche mit solchen Karrierechancen!"

„Endlich normal leben zu können würde mir schon reichen! Meine Knauserei während des Studiums hat lange genug gedauert!" Sie begaben sich in den prächtigen Speisesaal und nahmen ihre Plätze ein.

Drei Wochen später besuchte Bernd eine Fortbildung. Fachgespräche; aber am Rand sprach man natürlich auch über Begebenheiten des Alltags. Bernd lernte einen Kollegen aus Mecklenburg kennen, der über die Verhältnisse dort in der Zeit nach der Wende erzählte. „In DDR-Zeiten hatte bei uns eine ältere Kollegin eine Abteilung für Kinderkardiologie aufgebaut. Schwierig war's, es fehlte an wichtigen Apparaten, Material und Personal. Aber die Kollegin hatte es geschafft, sich bei den politischen Stellen durchzusetzen und alles Nötige zu beschaffen. Sie leitete die Abteilung mit Umsicht und Erfahrung, und alles funktionierte wie am Schnürchen. Und dann bekamen wir eines Tages eine junge Assistenzärztin aus dem Westen, frisch von der Uni. Die meinte, alles besser wissen und besser machen zu können. Aufbauhilfe Ost nannte sie das. Bald geriet sie mit der alten Chefin so aneinander, dass die Fetzen flogen. Die Korridore der Klinik hallten wider von dem Streit, alle konnten es mithören, tagelang war es das Gesprächsthema unter den Kollegen. Wir haben dann dafür gesorgt, daß die Wessi-Frau bald verschwand."

Mit ungutem Gefühl fragte Bernd nach dem Namen des Ortes. Ja, es war seine Irene gewesen, die sich da unmöglich gemacht hatte. Natürlich sagte er das nicht. Er war es gewohnt, wichtige Entscheidungen lange zu überdenken, aber dann galt das auch, gleichgültig, was andere dazu meinen mochten. War es denn Liebe, was er für Irene empfand? Nein, eher ein nüchternes Zweckbündnis, während des Studiums war das praktisch gewesen. Und je länger er nachdachte über Irene und über das Stellenangebot aus Australien, desto klarer wurde es ihm: Nein, wie glänzend Irene auch strahlen mochte, er wollte nicht zum bloßen Trabanten dieser Sonne werden, nicht zum Prinzgemahl einer Frau, die sich für eine unfehlbare Alleinherrscherin hielt. Er würde seinen Weg ohne sie machen.

 Ski-Bus

In aller Frühe fährt ein Bus
von weit entfernt man reisen muss
um auf verschneiten Alpenhöhn'
die schöne reine Welt zu sehn.
Die Lifte schleppen viele Leute –
wie prächtig ist das Wetter heute!
An mehr und minder steilen Hängen
die Skiläufer in Schar'n sich drängen.
Bald wedelnd, bald mit kühnem Schuss
saust man zu Tal, nennt das Genuss.
Wie herrlich, über Schnee zu gleiten,
im Geist die Flügel auszubreiten
im Äther durchs Gebirg zu ziehn
vergessend alle Alltagsmühn.
Erst bei dem letzten Sonnenstrahl
versammelt man sich tief im Tal,
besteigt den Bus, lässt heim sich fahren,
beglückt, dass wir dort oben waren.
Freilich: Ein Kritiker fragt an:
Hat's auch der Umwelt gut getan?

Drachentreffen

Zwei Drachen begegneten einander. Der eine, Fafnir, war groß und schlank. Selbstsicher, in den Knien federnd schritt er einher, grinste überlegen. Der andere, Hu Wong, klein und rundlich, hüpfte wie eine Kugel auf und nieder, spreizte seinen Schwanz wie das Rad eines Truthahns und lächelte verschmitzt aus kleinen kohlschwarzen Augen. Fafnir schaute verächtlich über den Kleinen hinweg. „Wer bist du, daß du es wagst, dich mir in den Weg zu stellen?" Hu Wong streckte ihm die Zunge heraus. „Lerne du erst mal die Grundregeln der Höflichkeit! Deine Größe allein macht dich nicht überlegen!"

Fafnir wurde rot vor Zorn, er wollte den Kleinen packen, ihn am liebsten in der Luft zerfetzen. Doch der rollte beiseite, sprang in die Höhe und lachte nur. „Warum eigentlich bist du so ein Grobian? Sei doch nicht so verbissen! Benutze deine großen Ohren lieber dazu, mir zuzuhören! Wir könnten beide anerkannt und sogar beliebt werden, wenn du dich etwas gescheiter benehmen würdest!."

Wütend entgegnete Fafnir „Haben die Menschen uns Drachen nicht immer als schrecklich und böse betrachtet? Uns beschimpft, beleidigt und umgebracht? Ich will endlich anerkannt werden! Ich will der Größte und Mächtigste sein, der Hüter von Schätzen!"

Hu Wong ließ seine Zunge tanzen. „Deine Schätze sind doch nicht so wichtig! Neidische und geldgierige Menschen werden versuchen, dich zu berauben, dich vielleicht totschlagen. Ich gönn dir ja deinen Besitz. Aber mehr als fressen und dein Leben genießen kannst du auch nicht. Mach lieber Klugheit zu deinem Schatz. Hierzulande lechzen die Menschen nach Drachenblut – sei freundlich, das entwaffnet sie! In manchen Ländern gelten wir Drachen als Boten des Glücks! Mit Freundlichkeit könntest du vielleicht Ansehen gewinnen!"

Fafnir grollte, aber er wußte nicht, was er dagegen sagen sollte. Am liebsten hätte er Feuer gespuckt Die weißen Pickel auf seiner Brust juckten. Zwar fühlte er sich überlegen, aber die gespaltene Zunge

Hu Wongs irritierte ihn. Das zugeben? – Unmöglich! Er flüchtete sich in die Maske seines hochmütigen Grinsens, spielte die beleidigte Majestät, klappte seine zusammengelegten Flügel auseinander und flog davon. Hu Wong blickte ihm nach und dachte: „Ob der je zu weiser Einsicht gelangt?"

Unfall

„Hallo, Schatz, ich komme gerade vom Arzt. Alles in Ordnung, unser Kind liegt richtig in meinem Bauch, bewegt sich munter, und in vier Wochen können wir es im Arm halten. Ich freu mich drauf. Jetzt muß ich noch in die Apotheke. In zwei Stunden sehen wir uns daheim. Liebe Grüße und Küsse. Bis dann!"

Helga legte das Handy in ihre Handtasche. Der Novembernachmittag dunkelte. Nachher wären es nur wenige Schritte bis zur Bushaltestelle. Bald würde sie am Stadtrand in ihrer hübschen Wohnung sein, ein wenig ruhen, das Abendessen richten für ihren Mann und sich. Seit ein paar Jahren lebten sie zusammen. Ihren Wunsch nach einem Kind hatten sie lange zurückgestellt, jetzt war die Erfüllung nah.

Frau Bettina Wolff hatte ihren VW-Golf vorsichtig aus dem Parkplatz hinter der Bibliothek in die Ringstraße gelenkt. Sie hatte sich das Buch „Manon Lescaut" entliehen. Zwar kannte sie den Inhalt in großen Zügen, aber sie wollte doch noch einmal nachlesen. Das Schicksal der Heldin faszinierte sie. Mit wie viel Energie hatte es die junge Frau geschafft, widrigen Umständen zu entfliehen, ihren Liebsten an sich zu fesseln und in einem fremden Land ein neues Leben zu beginnen! Und wie grausam bestrafte sie dann das Schicksal! Bettina war mit ihren Gedanken ganz in dem Buch. Halt! Eine rote Ampel! Sie bremste heftig. Noch einmal gut gegangen! An diesem dunklen Nachmittag war rechts und links der Fahrbahn kaum etwas zu erkennen. Grün! Es ging weiter. Jetzt dachte Bettina an ihre Enkelin. Wie mochte die als Studentin in der großen Stadt zurechtkommen? War sie allein? Heutzutage ließen sich die jungen Leute ja allzu schnell miteinander ein. Bettina überlegte: war das in ihrer Jugend anders gewesen? Jetzt war sie Achtundachtzig – hatte sie sich damals nicht auch Hals über Kopf verliebt? Wie mühsam war es gewesen, ihr Leben in Ordnung zu bringen! Beruf, Ehe, Kinder, nach dem Tod ihres Mannes Rentnerin und Großmutter. Morgen wollte sie ein schönes Konzert besuchen.

Da, ein nicht beleuchteter Zebrastreifen. Aus dem Dunkel am Straßenrand plötzlich eine dunkel gekleidete Gestalt vor ihr. Vollbremsung – zu spät; ein dumpfer Schlag. Vor Schreck erstarrt, kauert Bettina hinter ihrem Lenkrad. Menschen stürzen herbei, kümmern sich um die Verletzte. Eine junge Frau, offensichtlich hochschwanger. Schon setzt die Geburt ein – aufgeregt versuchen die Passanten zu helfen – wie ist das möglich, hier, mitten auf der Straße?

Dann sitzt Bettina reglos da, benommen, beantwortet mechanisch die Fragen der Polizei. Wie aus einer anderen Welt schaut sie auf die Rettungssanitäter, hört wie durch einen Nebel die Worte: „Frau im Koma. Sturzgeburt. Wird das Kind überleben?"

Jemand bringt Bettina nach Hause. Sie weiß nicht, ob es die Polizei war. Eine Nachbarin sitzt bei ihr, hält ihre Hand, sprachlos.

Bettina ist zerschmettert, fühlt sich schuldig. Man erzählt ihr von der jungen Familie: Das Kind wird behindert bleiben, die Frau an den Rollstuhl gefesselt. Schrecklich. Bettina schluchzt in sich hinein: „Wie konnte mir das passieren? Es war doch nur ein Augenblick! Die Frau, das Kind und der arme Mann! In meinem Alter noch so etwas Furchtbares! Wäre ich besser davor gestorben! Ich hab's doch nicht gewollt, immer war ich achtsam! Gibt es im Leben Gerechtigkeit, einen Sinn? Und wie völlig unmöglich ist's, zu versuchen, meine Schuld wieder gut zu machen!" Bettina stürzt in tiefste Verzweiflung. Jeder Versuch zu trösten erscheint ihr wie grausamer Hohn. Sie denkt daran, ihrem Leben ein Ende zu setzen – aber das würde ja auch nichts ändern. Und so lebt sie weiter, ohne Freude, schuldlos und doch stets geplagt vom Gedanken an ihre Schuld.

Im blauen Becken lädt das Nass zum Bad,
du tauchst hinein, streckst wohlig deine Glieder
es löst sich alles, was gespannt dir war.

Zwar schwimmen andre auch, doch gibt s noch Raum
die Leiber woll'n mit Rücksicht Abstand halten
Sanft tätscheln leichte Wellen dein Gesicht.

Du lässt dich auf dem Rücken liegend treiben.
Schließ deine Augen, richt´ den Blick nach innen –
die Abkehr von der Welt schenkt Ruhe dir.

Eine Randfigur

Die Familie saß beisammen, trank Kaffee, aß Kuchen und schwatzte. Was hatte nicht der Paul auf seiner Backpacker-Reise in Vietnam alles erlebt! Und die Anna hatte in diesem Semester schon drei mal umziehen müssen, weil die Mitbewohner ihrer Studenten-WG ein so lautes Leben führten, dass sie nicht zum Lernen kam. Und der Benni wollte sich ein neues Auto anschaffen.

Opa Rolf saß stumm in der Runde. Man wußte, er war schwerhörig, aber wenn er wollte, konnte er mit seinem Hörgerät ganz gut verstehen, was andere sagten. Aber wollte er? Seine Schwiegertochter stupfte ihn an: „Was meinst du, Vater, sollten die jungen Leute nicht glücklich sein, dass sie ihre Jugend so genießen können? Wie mussßten wir uns früher in schwierigen Verhältnissen durchwursteln!"

Der Alte brummte ein paar unverständliche Worte, fummelte umständlich seine Pfeife und seinen Tabak aus der Jackentasche, stopfte sie und stieß plötzlich heftig hervor: „Denen geht es doch allen viel zu gut! Die sollten erst mal was Anständiges lernen und erfahren , wie mühsam es ist, sein Brot zu verdienen!"

Die Studentin Liesbeth protestierte: „Für meine Klausuren hab ich wochenlang gebüffelt, jetzt will ich auch mal was haben von meinem Leben! Nächste Woche fliege ich nach Thailand!" Rolf knurrte: „Ja, ja, Vater Staat verwöhnt euch gewaltig!" Damit zündete er seine Pfeife an, erhob sich mühsam aus seinem Sessel und stapfte aus dem Zimmer. Auf der Terrasse vor dem Fenster ging er hin und her, brummte etwas, stieß ab und zu Rauchwolken aus. Was scherten ihn die Meinungen der anderen! Denen hatte er oft genug erklärt, wie sie durch ein arbeitsames und bescheidenes Leben innere Ruhe finden könnten, die mehr wert war als äußerer Glanz. Aber jeder kannte ja den Spruch: „Jugend kennt keine Tugend!" Sollten sie doch auf ihre Art sich die Hörner abstoßen, er, der erfahrene Landarzt, würde sie später wohl oder übel wieder zusammenflicken müssen., wenn sie seine salbungsvollen Ermahnungen nicht beachtet hatten.

In der Familienrunde schaute man einander an, sagte nichts und vermied es, dem Blick seiner Frau zu begegnen. Wie hatte sie es nur jahrzehntelang mit diesem griesgrämigen Sonderling aushalten können! So manches hatte man über seine Eigenheiten gehört. Nichts war ihm recht zu machen. Der einzige, den er liebte, war sein Hund. Den verwöhnte er – Hunde waren für ihn die besseren Menschen, die kritisierten niemand. Er, der gebürtige Harzer, mußte in Norddeutschland leben – aber das war seiner Ansicht nach total verdorben, nur in Bayern lebten die Menschen so wie es sich gehörte. So bald wie möglich würde er den Norden verlassen und eine Stelle in Bayern annehmen. Seine Frau würde sich dort zwar sehr fremd fühlen – aber das war ihm egal, sie würde ihm folgen. Sie würde ihn auch dort verteidigen; wie oft hatte er als Arzt richtige Diagnosen gestellt, wenn seine Kollegen sich irrten.

Nach einiger Zeit kehrte Opa Rolf ins Zimmer zurück. Die anderen beachteten ihn nicht, sie sprachen über die Tätigkeit eines Neffen bei der Bundeswehr. War die nun sinnvoll oder nicht? Plötzlich verkündete der angeblich so schwerhörige Opa Rolf: „Ja, endlich lernen die jungen Leute bei der Bundeswehr wieder Zucht und Ordnung! Dringend nötig ist das! Damit sie das gut tun, spende ich freiwillig jeden Monat eine hohe Summe für die Ausrüstung unserer Truppe." Verblüfft schauten die anderen einander an. Nein, sie würden ihr Geld anders ausgeben. Wenn schon spenden, dann für einen anderen Zweck!

Ein Weilchen herrschte peinliches Schweigen. Man wußte ja, der Opa würde keinen Widerspruch vertragen – aber sollte man seine Meinung einfach so stehen lassen? Einzig Christine fühlte sich verpflichtet, ihren Mann zu verteidigen. Sie tat den anderen leid. Immer wieder hatte sie sich aufgeopfert für ihn und ihre Familie. Alte Traditionen waren ihr heilig – sie hatte es nicht gewagt, sich von ihrem schwierigen Mann zu trennen, hielt stattdessen unbeirrbar zu ihm. Sie hatte sich die Freiheit erkämpft, allein weite Reisen zu machen – danach hatte er sie mit wochenlangem Schweigen gefoltert. Mit Galgenhumor hatte sie es ertragen. Aber wenn er im Alter pflegebedürftig würde – …

Da stürmte plötzlich der vierjährige Tobias ins Zimmer: „Oma, Oma, komm schnell, draußen im Spinnennetz zappelt eine Biene."

Mein Spazierstock

Mein Spazierstock

Wie Ebenholz sah es aus, das aus mehreren Teilen zusammengesetzte Stahlrohr. Schwarz lackiert und in seiner Länge verstellbar, je nach Bedarf des Besitzers. Goldglänzende Messingringe verzierten es und als Kopfende trug es ein handgerecht gearbeitetes Querstück aus braunem, wunderbar poliertem Tropenholz, das schimmernd seine Struktur ahnen ließ. Ein wertvoller Spazierstock, elegant, Stütze und Gehhilfe für einen älteren Herrn. Ein winziges Messingstückchen am Griffkopf besagte „Made in Taiwan". Vielleicht hatte mein Vorbesitzer, ein Maler, den Stock dort erworben. Nach seinem Tod in hohem Alter gelangte der Stock auf verschlungenen Wegen in meine Hände.

Meine Hüfte und mein rechtes Bein sind wackelig, ich war dankbar für die wertvolle Hilfe. Ich ahnte nicht, dass der Stock über einen eigenen Willen und eigene Kräfte verfügt. Er begleitete mich zu Konzerten, Ausstellungen und Lesungen, bewegte sich in meinen Händen, versuchte manchmal, den Takt zu einer Musik zu klopfen. Und manchmal wollte er irgendwo länger verweilen als ich, dann hatte ich Mühe, ihn wiederzufinden. Als ich die Kritik zu einem Theaterstück schrieb, lag er neben mir auf meinem Schreibtisch, sagte ab und zu zuckend seine Meinung.

Einmal erledigte ich Geldgeschäfte in einer Bank. Der Stock begleitete mich. Ich kam nach Hause, und er war plötzlich nicht mehr da. Ich suchte überall, rief an beim Fundbüro und bei der Bank – nein, nirgends eine Spur von ihm. Schweren Herzens griff ich nach einer einfachen Holzkrücke, die noch aus den Zeiten meiner verstorbenen Schwiegermutter in meinem Haus stand.

Wo mochte mein eleganter Chinese geblieben sein? Ob er an der Hand eines unehrlichen Finders durch unsere Stadt streifte? Vielleicht suchte er Abenteuer. Für schwüle Kneipen und Lasterhöhlen bin ich zu alt, aber wollte vielleicht der Stock etwas erleben? Oder hatte er Lust auf eine Rauferei? Nein, für so etwas war er zu elegant. Vielleicht machte er an der Hand eines neuen Herrn einer schönen Dame seine Aufwartung? Aber gibt es passende Damen in unserer kleinen Stadt?

Ich gab die Hoffnung auf, ihn wiederzusehen. An einem trüben Nachmittag saß ich an meinem Schreibtisch, hinter mir die große Bücherwand, mir gegenüber ein kleines Schränkchen, in dem ich allerlei Reiseführer aufbewahre, und darüber weitere Bücher. Meine Frau trat ins Zimmer, wir besprachen Haushaltsangelegenheiten. Und plötzlich rief sie: „Da liegt ja dein Stock!" Dunkel auf dem anthrazitfarbenen Teppichboden, vor dem wenig benutzten Schränkchen, hatte er sich für meine altersschwachen Augen unsichtbar gemacht. Hatte er wirklich Abenteuer gesucht? Nein, er wollte seine Ruhe. Still hatte er zwei Wochen lang vor meinen Büchern gelegen.

Ein alter Mann

Ein alter Mann ist ein erbärmlich Ding.
Mühsam kommt er am Stock zu seinem Sitz gekrochen,
sinnierend folgt sein Blick dem Schmetterling
er wärmt im Sonnenschein die alten Knochen.

Bunte Erinnerungen bringen
zum Leuchten früher Bilder matten Schein.
Alte und neue Lieder klingen
und woll´n auf manche Weise festgehalten sein.

Und wenn die Körperkräfte auch versagen
strebt zu gestalten doch ein freier Geist;
der mag nicht über Unzulänglichkeiten klagen
und schafft, was doch vielleicht sich selber preist.

Faun und Drache

In einer einsamen Gegend reichte der Wald bis an das von einem breiten Schilfstreifen gesäumte Ufer eines großen Sees. Nur an einer Stelle gab es einen freien Blick auf die weite Wasserfläche, die in der Sonne glitzerte. Dort war eine Lichtung des Waldes, und an deren Rand saß ein kleiner Faun. Er dachte an manche Nymphe, mit der er gespielt und die er wieder verloren hatte, schaute hinaus auf das Schilf und spielte auf seiner Flöte, hingegeben an eine Melodie, die er gerade erdacht hatte – sie war einfach, ein bisschen melancholisch, sehnsüchtig, er wusste selbst nicht wonach. Er war einsam, ja – aber damit konnte er leben, er war es gewohnt. Und doch, es wäre ganz schön, etwas Abwechslung zu haben.

Da rauschte es in der Luft, ein roter Drache flog herbei und setzte sich neben ihn. Der Faun erschrak: Wie leicht könnte der Feueratem des Drachen das trockene Schilf entzünden! Er überlegte: Sollte er sein Spiel unterbrechen? Nein, er tat, als habe er den Drachen nicht bemerkt. Der war freundlich, fragte: „Darf ich hier sitzen, dir zuhören?" – „Gern, ich freue mich, wenn es dir gefällt!"

Der Drache nickte. „Es ist schön, einfach so beisammen zu sitzen und nichts Besonderes zu denken. Manche meiner Artgenossen meinen, sie müssten Schätze anhäufen und hüten. Was soll das? Langweilig ist's, und mancher wird dabei umgebracht. Nein, ich sitze lieber nur so bei dir und höre dir zu."

Der Faun sagte nichts. Er nahm seine Melodie wieder auf, schien in sie versunken. Der Klang verschmolz mit der Stille der durchsonnten Waldlichtung am See. Aber plötzlich sprang der Faun auf, umarmte und küsste den Drachen. „Ob du nun schön bist oder hässlich, das ist egal – du verstehst, was wichtig ist. Ich liebe dich dafür!" Und so ungleich sie waren, sie tanzten auf der Wiese und waren glücklich.

Ein Pflänzchen

Eine kleine Pflanze am Wegesrand
blieb wenig beachtet und unbekannt.
Manch andre wurden groß und berühmt
und schienen zu höheren Weihen bestimmt.
Das Pflänzchen dachte in seinem Versteck:
„Mir selbst zu genügen ist Daseinszweck!"
So wurde es zwar von den andren gemieden
doch halbwegs war's mit sich selber zufrieden.

Zeichnung: Wolfgang Tribukait

Buchdesign, Typographie: MacSchreiber, Satz: Hanno Schreiber,
Herstellung und Verlag: Books on Demand, Norderstedt, www.bod.de
ISBN 9-783-751-923514